BEI GRIN MACHT SICH IHR WISSEN BEZAHLT

- Wir veröffentlichen Ihre Hausarbeit, Bachelor- und Masterarbeit

- Ihr eigenes eBook und Buch - weltweit in allen wichtigen Shops

- Verdienen Sie an jedem Verkauf

Jetzt bei www.GRIN.com hochladen und kostenlos publizieren

Geschlechtsspezifische Aufgabenteilung im Haushalt. Rhetorische Modernisierung und Geschlechterrevolution

Vergleich zweier empirischer Studien

Yasmin Eismayr

Bibliografische Information der Deutschen Nationalbibliothek:

Die Deutsche Nationalbibliothek verzeichnet diese Publikation in der Deutschen Nationalbibliografie; detaillierte bibliografische Daten sind im Internet über http://dnb.d-nb.de abrufbar.

ISBN: 9783346431660
Dieses Buch ist auch als E-Book erhältlich.

© GRIN Publishing GmbH
Nymphenburger Straße 86
80636 München

Druck und Bindung: Books on Demand GmbH, Norderstedt Germany
Gedruckt auf säurefreiem Papier aus verantwortungsvollen Quellen

Das vorliegende Werk wurde sorgfältig erarbeitet. Dennoch übernehmen Autoren und Verlag für die Richtigkeit von Angaben, Hinweisen, Links und Ratschlägen sowie eventuelle Druckfehler keine Haftung.

Das Buch bei GRIN: https://www.grin.com/document/1025368

TU Darmstadt

Fachbereich II

Institut für Soziologie

Semester: SoSe 2017

Seminar: Soziale Ungleichheit und Sozialstrukturanalyse II

Arbeitsteilung im Haushalt - Gesellschaftliche Mechanismen der Reproduktion in Deutschland

Eingereicht von: Yasmin Eismayr

Studiengang: Soziologie (B.A.)

Fachsemester: 2. Semester

Abgabedatum: 30.08.2017

Inhaltsverzeichnis

1. Einleitung: Die Rolle von Frau und Mann in der Gesellschaft

Die Gleichberechtigung von Mann und Frau im familiären wie auch im betrieblichen Bereich beschäftigt die Soziologie schon seit langer Zeit. Die Tendenz zur Gleichberechtigung in Deutschland ist positiv - es gibt in einigen Unternehmen eine Frauenquote, es werden besondere „Schnuppertage" (Girls'Day) angeboten, an denen jungen Frauen Berufe nähergebracht werden, die weiterhin männlich dominiert sind. Des Weiteren gibt es Betreuungsangebote für berufstätige Mütter. Umgekehrt zeichnet sich ebenso ein Trend ab: Männer beginnen, weiblich dominierte Berufe, wie zum Beispiel den Beruf des Krankenpflegers, zu ergreifen. Dies ist ein wesentlicher Fortschritt, wenn man sich die Historie detaillierter betrachtet.

Während des 19. Jahrhunderts, der Zeit der Industrialisierung, war eine scharfe Trennung in Bezug auf die geschlechterspezifische Arbeitsteilung zu erkennen. Der Mann war gezwungen, seine Arbeitskraft zu verkaufen und galt als „Ernährer" der Familie. Den Frauen wurde die Rolle der Mutter zugeschrieben. Angelika Wetterer bezeichnet diese geschlechterspezifische Arbeitsteilung als Phase der „Ersten Moderne" (vgl. Wetterer 2003, S. 1). Durch Modernisierungs- und Demokratisierungsprozesse sowie Spezialisierung der Arbeit in der Moderne entwickeln sich Individualisierungsschübe. Es kommt zur Modernisierung der Geschlechterverhältnisse. Diese Merkmale in Bezug auf Globalisierung werden zusammenfassend in dem Begriff der „Zweiten Moderne" dargestellt. (vgl. Wetterer 2003, S. 2).

Der Fokus in der vorliegenden Arbeit soll auf den Bereich der Geschlechterkonstellation in Bezug auf die Arbeitsteilung im familiären Bereich gerichtet werden.

Es stellt sich die Frage, wie weit sich Gleichheit zwischen Mann und Frau im familiären Haushalt zum heutigen Zeitpunkt in Deutschland etabliert hat. Gegenstand meiner Analyse ist es, zu erörtern, welche gesellschaftlichen Mechanismen den Wirkungszusammenhang in Bezug auf die unabhängige Variable, dem Geschlecht, und der abhängigen Variable, der Arbeitsteilung im Haushalt, beeinflussen.

Im Folgenden wird analysiert, zu welchem Ergebnis drei Quellen aus diesem Themenbereich gekommen sind. Ähnlichkeiten und Differenzen der Untersuchungen werden verglichen und gegenübergestellt. Ihre Ansätze und Ergebnisse werden zu einer Gesamtübersicht zusammengeführt.

2. Empirische Ergebnisse zum Alltagsleben in Beziehungen

Zu Beginn soll der Frage nach dem Status Quo der Gleichstellung von Mann und Frau in der Beziehung anhand verschiedener Fallstudien nachgegangen werden. Dazu werden im Folgenden die Untersuchungen von Frerichs/Steinrücke (1997) „Kochen ein männliches Spiel? Die Küche als geschlechts- und klassenstrukturierter Raum" und „Arbeitsteilung bei der Ernährungsversorgung von Familien. Persistenz oder Wandel"? von Häußler/Meier-Gräwe (2012) herangezogen und näher beleuchtet. Aus den Ergebnissen wird dann mithilfe von Untersuchungen von Angelika Wetterer versucht, einen Zusammenhang zu finden.

2.1 Auswertung der Studie von Frerichs/Steinrücke

Frerich/Steinrücke haben sich hier im Besonderen auf den Aspekt der Aufteilung des „Kochens" innerhalb des Familienbereichs konzentriert. Vor dem Hintergrund verschiedener sozialer Klassenfraktionen und Lebensstile wurde das „Kochen" zum Gegenstand der Untersuchung. Dabei ist es wichtig, vorab eine Definition des „Kochens" darzulegen. Das Kochen konstituiert sich aus der Zubereitung von Lebensmitteln, welches zum Überleben notwendig ist. Es ist zeitaufwändig und bietet viele Variationsmöglichkeiten, nach verschiedenen Rezepturen das Mahl zuzubereiten. Die Art und Weise des Kochens lässt sich auf Körperverhältnisse und die Zugehörigkeit zu einer Klasse zurückführen. (vgl. Frerichs/Steinrücke, 1997, S. 232). Als Grundlage nutzen Frerich/Steinrücke hier Bourdieus Modell des sozialen Raumes. Die Klassenpositionen bestimmen sich hierbei gemäß der Dreidimensionalität des Sozialraums. (vgl. Bourdieus 1982, S.422) Genutzt werden von Frerich/Steinrücke folgende Klassen:

- **Herrschende Fraktion:** (Oberklasse) viel ökonomisches Kapital, aber nicht unbedingt viel kulturelles Kapital (z.B. Bauunternehmer)
- **Beherrschte Fraktion:** höchste Bildungsabschlüsse: Einkommen höchstens die Hälfte eines Unternehmers (z.B. Gymnasiallehrer)
- **Mitte der Oberklasse:** Freiberufler und Führungskräfte
  Frerichs/Steinrücke (1997) führten dazu soziobiographische Interviews mit Männern und Frauen in verschiedenen sozialen Positionen. Der quantitative Teil besteht aus einer auf die Projektfragestellung zugeschnittenen Auswertung eines großen repräsentativen Datensatzes (sozioökonomisches Panel). Die zu interviewenden Personen wurden nach ihrer Klassenposition und anhand der beruflichen Stellung sowie sozialen Herkunft der Frau ausgewählt. Des Weiteren wurden die Gruppen Arbeiterpaar, AngestelltInnenpaar, BeamtInnenpaar und ManagerInnenpaar gebildet. (vgl. Frerichs/Steinrücke, 1997, S. 146)

Es stellte sich heraus, dass zwischen den Befragten große Unterschiede in Bezug darauf existieren, was und wie gekocht wird. (vgl. Frerichs/Steinrücke, 1997, S. 147-148)

Insbesondere für die Gruppe **Arbeiterpaar** ist regelmäßiges Kochen von großer Bedeutung und wird als Notwendigkeit angesehen. Im Mittelpunkt steht für die Befragten vor allem die Gesundheit der Familie durch gute Ernährung. Außerdem berichten die Befragten, dass die Strukturiertheit ihnen ein Gefühl von Sicherheit und Schutz vor einem möglichen sozialen Abstieg gibt. Der Verdienst (ökonomische Mittel) als auch das Wissen über gehobene Küche (kulturelles Kapital) sind nur sehr gering vorhanden. Allerdings ist beides bzgl. Ausüben des Kochens für das Arbeiterpaar auch nicht von Belang. Kochen ist für diese Gruppe nur mit gesunder Nahrungsaufnahme assoziiert. Es finden sich die typischen Muster der geschlechtlichen Arbeitsteilung beim Kochen: Die Frau kocht und der Mann sieht sich nicht befähigt zu kochen. Allerdings erwächst hieraus keine hierarchische Geschlechterkonstellation. Gleich ist beim Arbeiter- wie beim Angestelltenpaar, dass das Kochen eine Form von Abgrenzung nach „unten" („Sozialer Abstieg") darstellt (defensive Distinktionsfunktion).

Im Folgenden werden die Ergebnisse des **Angestelltenpaars** analysiert: Wer in dieser Klasse kocht, hängt stark vom Lustprinzip ab und es wird nur unregelmäßig praktiziert, wobei die Häufigkeit steigt, wenn Kinder in der Familie vorhanden sind. Wer die Zubereitung eines Gerichtes am besten beherrscht, der bereitet es auch zu. Dieses egalitäre Konzept wurde mit in die Ehe genommen. Somit stellt sich keine hierarchische Struktur ein. Das AngestelltInnenpaar kauft zusammen ein und es wird bewusst nicht „gut bürgerlich" gekocht. Kochen dient auch speziell bei „nicht-deutschen" Gerichten der „Erinnerung" an gemeinsam verbrachte Urlaube. Der Umfang des Kochens und des Essengehens richtet sich dabei nach dem vorhandenen Budget. Zwänge werden beim Kochen nicht empfunden, es dient dem AngestelltInnenpaar mehr der Kommunikation.

Beim **Beamtenpaar** ist beim Kochen die typisch geschlechtliche Arbeitsteilung erkennbar. Vorwiegend die Frau ist für das alltägliche Kochen verantwortlich, besonders das Vorhandensein von Kindern führt bei der Frau zu dem Gefühl eines Zwanges der Fürsorge. Der Mann übernimmt aber durchaus andere geschlechtsuntypische Aufgaben im Haushalt wie z.B. die Entsorgung des Mülls oder den Abwasch. Sofern der Mann kocht, geschieht dies eher aus handwerklichem Interesse an gehobener Küche. Weiterhin nutzt der Mann das Kochen zur Akkumulation sozialer Kontakte, indem er für Bekannte und Arbeitskollegen kocht. Essen zu gehen richtet sich auch hier nach dem Vorhandensein von ökonomischen Kapital.

Beim **Managerpaar** findet sich, trotz gleicher Kompetenz in Bezug auf das Kochen, eine subtile hierarchische Arbeitsteilung wieder. Unter der Woche wird kaum gekocht. Wenn doch, so kocht die Frau vor allem schnelle und unaufwändige Gerichte und versucht dabei, auf gesunde Ernährung zu achten. Beim Mann findet sich, ähnlich wie beim Beamtenpaar, die Akkumulation von sozialen Kontakten beim Kochen wieder. Hinzu kommt hier, dass für den Mann das Kochen ein Feld der „Anerkennung" und „Präsentation" ist. (vgl. Frerichs/Steinrücke, 1997, S. 150-151)

Es lässt sich somit zusammenfassen, dass durchaus noch typische geschlechtstypische Muster bei den verschiedenen Befragten erkennbar sind. Speziell für Frauen bleibt das Kochen auf den familiären Bereich beschränkt, mal aus Gesundheitsgründen (Managerin) oder als Zwang (Beamtin).

Bei den Männern wird Kochen über den familiären Bereich hinaus als Möglichkeit zur Akkumulation sozialer Kontakte genutzt, oder aber auch als Spielfeld für Anerkennung und Lob. Beim Manager eher mit außergewöhnlichem Anstrich, beim Beamten mehr als handwerkliches Können. Dies scheint ein Phänomen speziell höherer Hierarchien zu sein.

2.2 Auswertung der Studie von Häußler/Meier-Gräwe

Der Erörterung meiner Fragestellung „Wie weit hat sich Gleichheit zwischen Mann und Frau im familiären Haushalt etabliert?" fügen die Ergebnisse von Häußler/Meier-Gräwe (2012) einen weiteren Aspekt hinzu: ob die typische Arbeitsteilung der Geschlechter, so wie von Frerichs/Steinrücke beim Kochen untersucht, sich auch auf der vollständigen Haushaltsebene zeigt und vor allem, wie sie sich reproduziert. Häußler/Meier-Gräwe erstellen dazu eine Sekundäranalyse qualitativer Daten aus der 2001/2002 erstellten EVPRA-Studie ("Familiale Ernährungsversorgung zwischen privatem und öffentlichem Raum").

Ähnliche wie bei Frerichs/Steinrücke werden verschiedene soziale Milieus untersucht (vgl. Häußler/Meier-Gräwe 2012, S. 3). Begonnen wird auch hier mit der „Beköstigung". Laut der vorhandenen Primäranalyse der EVPRA-Studie wenden vollerwerbstätige Mütter ca. 1.11 Stunden pro Tag für Beköstigung auf, nicht vollerwerbstätige Mütter ca. 1.45 Stunden. Vergleicht man dazu die Unterstützung des Mannes, so zeigt die Studie, dass 45% der Väter sich an der Beköstigung beteiligen. Ihr Anteil liegt dabei durchschnittlich bei nur 30 Minuten pro Tag. Dieser Anteil steigt, wenn ihre Partnerinnen vollzeitbeschäftigt sind, leicht auf 45 Min. an. Bei den 48 befragten Familien ergab sich bzgl. der männlichen Unterstützung in der Beköstigung ein unausgewogenes Bild. 26 Väter beteiligen sich nur sporadisch an der Beköstigung, lediglich sechs Väter sind egalitär beteiligt und nur in einem Haushalt hatte der Mann die Haushaltverantwortung (vgl. Häußler/Meier-Gräwe 2012, S. 12).

Auf Grundlage der Primäranalyse der EVPRA-Daten haben nun Häußler und Meier-Gräwe eine Sekundäranalyse durchgeführt. Hierbei wurde der Fokus auf die Frage gerichtet, welche Normen und Überzeugungen zu familiären Arbeitsteilungskonzepten existieren (vgl. Häußler/Meier-Gräwe 2012, S. 11). Es geht dabei vor allem um das Selbstverständnis der Frau in ihrer Rolle und deren Bedeutung für die Familie. Als Definitionsgrundlage dient die Milieudifferenzierung von Koppetsch und Burkhard (1999): die Gruppen der „familienorientierten Traditionalistinnen", der „berufsorientierten Netzwerkerinnen" und die der „aufopferungsvollen Umsorgerinnen" (vgl. S. 20). Aus der Sekundäranalyse ergab sich, dass bei keinem dieser Gruppen eine bewusste Aushandlung der Rollen für die Arbeitsteilung geführt wurde. Es bleibt bei der geschlechtstypischen Arbeitsteilung.

Die von Häußler und Meier-Gräwe erarbeiteten Ergebnisse befinden sich im Einklang mit den Ergebnissen von Frerichs/Steinrücke und auch den Untersuchungen des BEP (Bamberger Ehepaar-Panel) aus dem Jahre 2010, die zu dem Ergebnis kamen, dass Frauen weiterhin für die grundsätzliche Ernährung im Haushalt zuständig sind (vgl. BEP 2010, S.116). Häußler/Meier-Gräwe (2012) schließen daraus: „unabhängig vom Bildungsstand und den ökonomischen Ressourcen der Partnerin sind soziale Normen und Rollerwartungen wesentliche Ursachen der Arbeitsteilung." (S. 13)

Diese Hypothese wird auch im Model des „Doing Gender" von Gildemeister/Roberts (2008) hervorgehoben. Die Reproduktion verfestigter geschlechtlicher Verhaltensweisen kann spezifisch im Bereich der Hausarbeit bei heterosexuellen

Paaren beobachtet werden. Dabei scheint es entscheidender zu sein, welches Geschlecht der Partner hat und nicht welchen Bildungsstand (vgl. S. 65-87). Frerichs und Steinrücke sehen damit die Klassengeschlechtshypothese beim Kochen als bestätigt an (vgl. Frerichs/Steinrücke, 1997, S. 149).

Ein wesentlicher Faktor der Reproduktion verfestigter geschlechtlicher Verhaltensweisen ist dabei im Zeitraum der Sozialisation der Geschlechterrollenbilder zu suchen. Diese erlernten Identitätsstrukturen bleiben bis in die Familiengründung stabil (vgl. Schulz/Blossfeld 2010, S. 111–128).

Weiteren Aufschluss bringt hier auch die von Ute Klammer verfasste Studie der „Familienernährerinnen". Hierbei wurden Haushalte untersucht, in denen die Frau mehr als 60% des Haushaltseinkommens beisteuert. Obwohl die Frau die klassische Rolle des „Ernährers" annimmt, findet keine Re-Traditionalisierung statt und die Frau führt weiterhin zusätzlich den Haushalt. Es kommt somit zu einer Doppelbelastung der Frauen. 37% der Haushalte im Westen mit Familienernährerinnen gehören zu den ärmsten 20% aller Haushalte. Meist ist diese Konstellation durch den Arbeitsverlust des Mannes verursacht worden und keine bewusst getroffene Entscheidung gewesen. Ebenso ist diese ungewollte Situation auch für den Mann schwierig, da er im sozialen Umfeld glaubt, seine Lage legitimieren zu müssen (vgl. Klammer 2009, S. 76).

Aus der Sekundäranalyse der EVPRA-Studie von Häußler/Meier-Gräwe und dem Vergleich mit der Studie der Familienernährerinnen von Ute Klammer ergibt sich auf Definitionsgrundlage der von Koppetsch/Burkhard genannten Milieus folgendes Bild:

Im **traditionellen Milieu** können trotz fehlendem bewussten Diskurs in der Familie durchaus egalitäre Verhältnisse herrschen. Jedoch im Falle der Familienernährerinnen kann in diesem Milieu eine Doppelbelastung auftreten. Im **familistischen** und **individualistischen Milieu** hingegen scheint es umgekehrt zu sein. Hier wird von Frauen meist mehr Egalität angenommen, als tatsächlich existent ist. Besonders im **familistischen Milieu** erscheint, wenn Kinder vorhanden sind, die Aufgabe der Versorgung durch die Mutter fest verankert. Dadurch ist die Frau in ihren beruflichen Möglichkeiten eingeschränkt.

Im **individualistisches Milieu** finden wir wieder die schon bei Frerichs und Steinrücke entdeckten Formen des Kochens als Ausdruck von Akkumulation des sozialen Kapitals oder als Ausdruck von Repräsentation und Selbstdarstellung des Mannes.

3. Rhetorische Modernisierung und Geschlechterrevolution

Aus den Forschungsergebnissen des letzten Kapitels ergibt sich, dass der Prozess der Änderung von Verhaltensstrukturen weg von geschlechtertypischer Arbeitsteilung hin zu Gleichheit innerhalb der Familie in vielen Bereichen und Milieus noch nicht vollzogen wurde. Teilweise fehlen auch Anreize von außen (z.B. staatliche Förderung), aber auch das erlernte Verhalten trägt dazu bei, dass Verhaltensstrukturen reproduziert werden. Wie aber wird dieses Verhalten und Wissen produziert und lässt sich dies theoretisch erfassen? Dazu hat Angelika Wetterer einen Ansatz konzipiert.

Wetterer (2003) erkennt, dass die Geschlechterrevolution nur gering vorangeschritten ist. (vgl. Wetterer, 2003, S. 315) Wie bei Häußler und Meier-Gräwe sieht Wetterer eine der Ursachen in der fehlenden Bewusstmachung der Situation (vgl. Wetterer, 2003, S. 316). Sie nennt dies nach Heinzt: „die De-Thematisierung der Ungleichheit" (zitiert nach Heinzt

1993, S. 17-48). Hierzu führt Wetterer den Begriff der „Rhetorischen Modernisierung" (vgl. Wetterer, 2003, S. 289) ein. Er beschreibt die Kultur- und Strukturzusammenhänge und speziell die Verschiebung beider innerhalb der zweiten Moderne. Ihre These lautet:

> „Das alltagsweltliche Differenzwissen, das also, was die Gesellschaftsmitglieder über den Unterschied der Geschlechter und die soziale Bedeutung der Geschlechterdifferenz, über die Geschlechterordnung und das Verhältnis der Geschlechter wissen, ist – so mein Ausgangspunkt – den Strukturen des Geschlechterverhältnisses und großen Teilen der Sozialen Praxis ein ganzes Stück vorausgeeilt". (aaO: S. 289)

Als einen möglichen Ansatz wendet Wetterer das von Goffman formulierte Konzept der „Institutionellen Reflexivität" an. Hier wird versucht, eine Verbindung von Sozialstruktur und Interaktionsordnung zu schaffen. (vgl. aaO, S. 291) Goffman (1994) führt den Begriff des „Setting" ein, in dem sich die Regeln der heterosexuellen Paarbildung abbilden. Als Beispiel eines Settings dient die typische Konstellation von Paaren, bei den der Mann fast immer physisch größer ist als die Frau. Allerdings gilt in der Zeit der rhetorischen Modernisierung die Stabilität der Geschlechterverhältnisse mehr als in allen Bereichen und Phasen des Lebenslaufs. Die Rhetorik der Gleichheit beschreibt das Uminterpretieren alter Geschlechterverhältnisse. Dieser Sachverhalt wird auch in der „Studie der Paarbeziehung" von Koppetsch und Burkard wiedergegeben. Gerade im Bereich des individualistischen Milieus (höhere Bildung) gibt es Leitbilder für die egalitäre Paarbeziehung. Viele Frauen gehen mit dem Anspruch auf Gleichheitsdiskurs und Selbstverwirklichungsanspruch in eine Beziehung. Allerdings finden diese nur im individualistischen Milieu statt. In allen anderen Milieus entspricht dies nicht der Praxis. Der größte Teil der Hausarbeit bleibt bei der Frau, wird aber nicht thematisiert. (vgl. Wetterer, 2003, S. 294)

Kaufmann (1994) nennt dies „die Ohnmacht des Diskurses" (vgl. Wetterer 2003, S. 297 zitiert nach Kaufmann 1994) Und hier entsteht das Problem des Wunsches nach Gleichheit der Arbeitsteilung im Familienalltag: Auf der einen Seite ist der Anspruch auf Gleichheit und auf der anderen Seite die praktische Logik des Alltags. (vgl. Wetterer, 2003, S. 298)

Wetterer bezieht sich hier auf den von Kaufmann eingeführten Begriff der „inkorporierten Praktik/inkorporierten Wissens" ein. Er besagt, dass die Frau bei der typischen Hausarbeit auf ein Wissen zugreift, welches sie in den prägenden Phasen ihres Lebens erlernt hat (vgl. Wetterer 2003, S. 300). Die Ungleichheit der Geschlechter ist im Arbeitsumfeld, bei der Arbeitsplatzwahl und im familiären Umfeld wird vorwiegend ab der Geburt eines Kindes auffällig: (vgl. Schneider/Rost 1998, S. 223) Helga Krüger sieht eine strukturgebende Eigendynamik durch Beruf und Familie. Hier greift oft in den Beziehungen das „rationale Kalkül" das abwiegt, bei wem die Chancen für eine Karriere höher sind. Dies wird als bewusste Entscheidung wahrgenommen (vgl. Krüger 1999, S. 48-51). Hinzu kommt, dass sich zwar innerhalb der Paarbeziehung die Aufgaben teilweise durch die Vergabe von Hausarbeiten der Frau an „Arbeitshilfen" verschieben, da diese Aufgaben dann jedoch meistens wieder Frauen – häufig mit Migrationshintergrund – zufallen, ändert sich grundsätzlich nichts an der Situation (vgl. Wetterer 2003, S. 311).

4. Fazit und Ausblick

Greift man die in der Einleitung erwähnte Forschungsfrage auf, so ergibt sich ein relativ klares Bild in Bezug auf die Mechanismen des Wirkungszusammenhanges von Geschlecht und Arbeitsteilung im Haushalt. Die untersuchten Quellen beleuchten die gestellte soziologische Frage in großem Maße und geben einen guten Aufschluss über die Situation im

Alltag. Die Untersuchungen von Frerichs/Steinrücke, sowie Häußler/Meier-Gräwe machen sichtbar, dass die Aufteilung der Rollen innerhalb der zweiten Moderne noch weit von Egalität entfernt ist. Interessant ist, dass sich in der Oberklasse hierarchische Geschlechterkonstellationen zeigen und dass Männer das Kochen als Selbstdarstellungs- und Anerkennungsmedium nutzen. Aus diesem Sachverhalt lässt sich die Klassengeschlechtshypothese bestätigen. Die von Cornelia Koppetsch benannte Milieudifferenzierung zeigt, dass durch die in der Sozialisation verankerten Identitätsbilder die typischen geschlechtlichen Verhältnisse der Arbeitsteilung im Haushalt stabil aufrechterhalten. Im Besonderen die von Ute Klammer erwähnte Gruppe der Familienernährerinnen ist doppelt belastet, ohne dass eine Re-Traditionalisierung stattfindet.

Wenn wir nun näher auf die Verhaltensstrukturen und deren Reproduktion eingehen, sind bei Angelika Wetterer die Ausgangspunkte zum einen die De-Thematisierung der Ungleichheit nach Heinz und zum anderen das Uminterpretieren alter Handlungspraktiken im Bereich des Haushalts. Eine wichtige Rolle spielt das „inkorporierte Wissen" nach Kaufmann und das „rationale Kalkül", welches den Mechanismus der geschlechtlichen Ungleichheit auf eine andere Randgruppe der Gesellschaft verschiebt. Die von Wetterer erwähnte Geschlechterrevolution schreitet nur zögerlich voran. Bereits erwähnte Merkmale der „Rhetorischen Modernisierung" sind für diese Langsamkeit verantwortlich. Als logische Konsequenz wäre es sinnvoll, weiterführend zu untersuchen, wie inkorporiertes Wissen entsteht. Hierzu könnten die Lebensläufe der Befragten speziell auf den Bereich der Sozialisation und des Aufwachsens von Frauen und Männern näher betrachtet werden, um Anhaltspunkte zu erhalten, wie man diesen Kreislauf des inkorporierten Wissens brechen könnte.

5. Literaturverzeichnis

Bourdieu, P., 1972. *Die feinen Unterschiede*. Frankfurt a.M.: s.n.

Frerichs, P. & Steinrücke, M., 1997. Kochen ein männliches Spiel? Die Küche – ein männliches Spiel? Die Küche als geschlechts- und klassenstrukturierter Raum.. In: I. D. Krais, Hrsg. *Ein alltägliches Spiel Geschlechterkonstruktion in der sozialen Praxis*. Frankfurt: s.n., pp. 231-254.

Gildemeister, R. & Robert, G., 2008. *Geschlechterdifferenzierungen in lebenszeitlicher Perspektive. Interaktion – Institution – Biografie*. Wiesbaden: VS Verlag.

Goffmann, E., 1994a. Das Arrangement der Geschlechter. In: *Interaktion und Geschlecht*. . Frankfurt a.M./New York: s.n., pp. 105-158.

Häußler, A. & Meier-Gräwe, U., 2012. Arbeitsteilungsmuster bei der Ernährungsversorgung von Familien: Persistenz oder Wandel?. *Gender: Zeitschrift für Geschlecht, Kultur und Gesellschaft*, 4(2), pp. 9-27.

Heintz, B., 1993. Die Auflösung der Geschlechterdifferenz - Entwicklungstendenzen in der Theorie der Geschlechter. In: E. Bühler, Hrsg. *Ortssuche: Zur Geographie der Geschlechterdifferenz*. Zürich/Dortmund: s.n., pp. 17-48.

Kaufmann, J., 1994. *Schmutzige Wäsche*. Konstanz: s.n.

Klammer, U. & Klenner, C., 2009. Weibliche Familienernährerinnen in West- und Ostdeutschland - Wunschmodell oder neue Prekarität?. In: S. F. u. J. Bundesministerium für Familie, Hrsg. *Rollenleitbilder und - Realitäten in Europa. Rechtliche, ökonomische und kulturelle Dimensionen*. 2008: Baden-Baden, pp. 62-84.

Koppetsch, C. & Burkart, G., 1999. *Die Illusion der Emanzipation. Zur Wirksamkeit latenter Geschlechtsnormen im Milieuvergleich*. Konstanz: UVK.

Krüger, H., 1995. Dominanz im Geschlechterverhältniss: Zur Institutionalisierung von Lebensläufen. In: R. /. K. G. Becker-Schmidt, Hrsg. *Das Geschlechterverhältniss als Gegenstand der Sozialwissenschaften*. Frankfurt a.M. / New York: s.n., pp. 195-218.

Rost, H., Rupp, M., Schulz, F. & Vaskovics, L. A., 2010. *Bamberger Ehepaar-Panel*, Bamberg: Staatsinstitut für Familienforschung an der Universität Bamberg (ifb).

Schneider, N. & Rost, H., 1998. Vom Wandel keine Spur - warum ist Erziehungsurlaub weiblich?. In: M. /. G. B. Oechsle, Hrsg. *Die ungleiche Geschlechtheit. Junge Frauen und der Wandel im Geschlechterverhältniss*. Opladen: s.n., pp. 217 - 236.

Schulz, F. & Blossfeld, H.-P., 2010. Hausarbeit im Eheverlauf. Ergebnisse einer Längsschnittanalyse. In: K. B. &. N. Oelkers, Hrsg. *Frauenpolitik in Familienhand? Neue Verhältnisse in Konkurrenz, Autonomie oder Kooperation*. Wiesbaden: VS Verlag, p. 111–128.

Wetterer, A., 2003. Rhetorische Modernisierung: Das Verschwinden der Ungleichheit aus dem zeitgenössischen Differenzwissen. In: G. K. Wetterer, Hrsg. *Achsen der Differenz. Gesellschaftstheorie und feministische Kritik II.*. Münster: s.n., pp. 75-90.